AF391474

COLLECTION

DES

MORALISTES ANCIENS.

PENSÉES MORALES

DE

PLUTARQUE,

RECUEILLIES ET TRADUITES

PAR P.-CH. LEVESQUE.

TOME PREMIER.

A PARIS,

Chez DEBURE L'AÎNÉ, rue Serpente;

Et P. DIDOT L'AÎNÉ, imprimeur,
rue Pavée-des-Arcs.

L'AN IIIᵉ DE LA RÉPUBLIQUE.

1794.

PENSÉES MORALES

DE PLUTARQUE. (1)

I.

L'AMOUR-PROPRE fait que chacun est pour soi le premier et le plus grand des flatteurs. Il n'est donc pas étonnant qu'on donne volontiers accès au flat-

(1) En faisant passer dans notre langue des pensées choisies de Plutarque, je ne me suis pas asservi à toute la précision dont je me serois fait un devoir si j'avois entrepris la traduction de ses œuvres, ou même de quelqu'un de ses traités. C'étoit ses idées qu'il falloit rendre, plutôt que ses expressions. Mais si je me suis donné quelque liberté, je n'en ai usé qu'avec beaucoup de réserve.

teur étranger : on le regarde comme un garant de la bonne opinion que l'on s'est formée de soi-même, et son témoignage sert à fortifier encore les illusions de la vanité.

I I.

La vermine abandonne les morts ; c'est de sang qu'elle se nourrit, et elle s'éloigne des corps dont le sang est glacé. Quand le coffre-fort est vuide et la cuisine froide, on ne voit plus de flatteurs. C'est une vermine qui s'attache à la gloire, à la puissance ; c'est là qu'elle prospere : elle s'écoule et disparoît dans les revers de la fortune.

I I I.

Dans les occasions où l'on a
besoin d'amis, il est bien dur
de reconnoître qu'on n'avoit
que de faux amis. Il n'est plus
temps alors de changer l'homme
perfide et léger contre un ami
sûr et solide. Il en est des amis
comme de la monnoie ; c'est
avant d'en faire usage qu'il faut
les essayer, et ne pas attendre
pour cette épreuve l'instant où
il faudra s'en servir. C'est pour
empêcher le flatteur de nous
faire du mal, qu'il faut l'éprouver et apprendre à le connoître : il sera trop tard quand
nous l'aurons connu à nos dé-
pens par le mal qu'il nous aura

fait. Nous serons alors comme ces malheureux qui ne reconnoissent le poison que lorsqu'il est déja dans leurs entrailles, et qui confirment par leur mort le jugement qu'ils viennent d'en porter.

I V.

Je ne pense pas comme ces hommes austeres qui n'admettent dans l'amitié que ce qu'elle a d'honnête et d'utile. Dès qu'ils voient quelqu'un mettre de la grace dans ce commerce, ils pensent aussitôt que c'est un flatteur qu'ils viennent de prendre sur le fait. L'ami ne doit pas se montrer dur et chagrin, et ce n'est point par de l'amertume et de l'austérité que l'ami-

tié doit se rendre respectable.
La décence et la dignité l'accompagnent ; mais elles ont
quelque chose de doux et d'aimable : les graces et le plaisir
habitent avec elle. Dieu a mêlé
l'amitié à la vie, pour y répandre la gaieté, l'agrément et la
douceur.

V.

Il ne faut pas se hâter de
regarder comme un flatteur
celui qui donne des louanges.
La louange convient à l'amitié :
elle sait l'employer dans l'occasion, comme elle sait aussi faire
usage du reproche : ou plutôt
l'humeur chagrine, le penchant
à blâmer, est contraire à l'amitié, et empoisonne le commerce

1.

de la vie. L'ami qui voit avec quelle bienveillance on le loue sans réserve sur ce qu'il a fait de bien, prend ensuite en bonne part les conseils de son ami. Il n'a pas de peine à lui laisser la permission de le reprendre, assuré que c'est par nécessité qu'il lui fait des reproches, et que c'est avec plaisir qu'il lui accorde des louanges.

V I.

Puisque l'ami cherche, comme le flatteur, à se rendre agréable, et ne se montre pas avare de louanges, il doit être difficile de le discerner; d'autant plus que, s'il s'agit de prévenances et de services, sou-

vent la flatterie sait surpasser
l'amitié. Le parasite s'annonce
assez de lui-même pour un flatteur : mais le flatteur dont il
faut se garder est celui qui ne
se donne pas pour tel. C'est
l'homme qu'on ne surprend
pas autour de la cuisine, qui
ne mesure pas l'ombre du ca-
dran pour savoir l'heure du
dîner, qui ne saisit pas les occasions de faire bonne chere : au
contraire, il est ordinairement
sobre; mais il se montre curieux de connoître vos affaires,
il cherche le moyen d'y prendre
part, il veut absolument entrer
dans la confidence de vos se-
crets. En un mot il n'est pas
de ces hypocrites d'amitié dont

on pourroit faire des person-
nages de comédie ; il a plutòt
la gravité d'un personnage tra-
gique.

VII.

Il se pique d'être toujours
empressé, toujours infatigable,
toujours plein de zele. Comme
c'est la conformité d'humeur
et de caractere qui fait naître et
qui entretient l'amitié, comme
ce sont les rapports des mêmes
goûts et des mêmes aversions
qui commencent à lier les hommes ; le flatteur sait se compo-
ser comme une matiere flexible ;
il se donne à son gré la forme
et l'apparence dont il a besoin
pour ressembler à celui qu'il se
propose d'imiter.

V I I I.

Mais voici son adresse la plus
perfide : il sait que la sincérité
est le langage propre de l'amitié, que la dissimulation a quelque chose de servile qu'elle re-
jette; c'est une observation dont
il cherche à tirer parti. Il fait
comme ces cuisiniers adroits
qui mêlent aux assaisonnements
des jus acides et austeres pour
détruire ce que les mets trop
doux auroient de fade et de
rebutant. Il n'a pas la sincérité
véritable qui est utile, mais
il a une sincérité affectée qui
chatouille et ne pique pas.

I X,

Comme c'est par de fausses

ressemblances que le flatteur nous trompe et qu'il se cache, notre ouvrage est d'employer des différences (1) pour le découvrir et le mettre à nud. Il n'a rien de stable dans le caractere : il ne cherche pas à mener un genre de vie de son choix ; c'est sur un autre qu'il se moule et se modele : il n'est pas lui, il n'est pas un seul homme ; il a toutes les figures , il prend toutes les couleurs , il revêt toutes les formes. Il est comme l'eau courante qui prend la forme du canal où elle est reçue.

---

(1) Plutarque fait connoître , pensée XI, ce qu'il entend ici par *employer des différences.*

X.

C'est ce qu'on remarque dans la conduite des grands flatteurs, c'est-à-dire des flatteurs des peuples, des orateurs qui les conduisent en les trompant (1). Le plus insidieux de tous fut Alcibiade, habile cocher et diseur de belles phrases à Athenes, où il vivoit dans le luxe et dans l'élégance; rasé jusqu'au cuir à Lacédémone, vêtu d'un man-

***

(1) Il y a dans le texte *des démagogues*. J'ai exprimé par une périphrase ce que les Grecs entendoient par ce mot. Il signifie *conducteur du peuple*; mais on le prenoit ordinairement en mauvaise part pour désigner des orateurs qui trompoient le peuple.

teau grossier et se baignant à l'eau froide ; en Thrace n'ayant de goût que pour les combats et le vin ; fastueux et arrogant auprès du satrape Tisapherne. Il savoit mener comme il vouloit et le peuple et tous ceux avec lesquels il avoit à traiter ; habile à se dépouiller de son propre caractere pour se revêtir du leur. Tels ne furent pas les vrais amis de leur patrie, les Epaminondas, les Agésilas. Ils eurent affaire à bien des hommes, ils virent bien des villes différentes, bien de différentes mœurs ; mais ils conserverent toujours le même costume, le même régime, le même langage, la même façon

de vivre. Platon fut le même à
Syracuse et à l'académie , le
même avec Denys et avec Dion.

X I.

Dites au flatteur du mal de
quelqu'un de vos amis. « Oh !
« dira-t-il, vous avez été bien
« long-temps à le connoître ;
« pour moi, je vous avouerai
« qu'il ne m'a jamais plu ».
Changez de langage, et mettez-
vous à louer celui que vous ve-
nez de blâmer. « C'est un hom-
« me que j'aime, s'écriera-t-il ;
« il n'en est pas à qui j'aie plus
« de confiance ». Dites-lui que
vous voulez changer de façon
de vivre, quitter les affaires
publiques et vous livrer au

repos. « Il y a long-temps ,
« répondra-t-il, que vous au-
« riez dû vous éloigner du tu-
« multe, et vous soustraire à
« l'envie ». Témoignez-lui que
vous auriez envie de reprendre
les affaires et de monter encore
à la tribune. « Voilà ce qui est
« digne de vous, s'écriera-t-il :
« c'est une douce chose que le
« loisir ; mais il est humble et
« ne procure pas de gloire ».
Alors vous pourrez lui dire :
« Mon cher hôte , je vous trouve
« en peu de temps bien diffé-
« rent de vous-même. Je n'ai
« pas besoin d'un ami pour qu'il
« change avec moi de place, et
« fasse tous les mêmes signes
« que moi ; c'est ce que l'ombre

« de mon corps feroit encore
« bien mieux. J'ai besoin d'un
« ami pour chercher avec lui la
« vérité, d'un ami qui m'aide
« dans mes jugements ». Il n'est
que ce moyen de prendre le
flatteur sur le fait.

X I I.

Le flatteur ne peut se rendre
semblable à celui qu'il trompe
dans ses bonnes qualités ; mais
il se charge d'imiter tous ses
défauts. Il fait comme ces mauvais peintres qui, ne pouvant
atteindre aux beautés de leur
modele, cherchent la ressem-
blance dans les rides, les ver-
rues, les cicatrices. Ce qu'il imi-
tera dans l'homme dont il veut

s'emparer, ce sera l'intempé-
rance, la superstition, l'emportement, la dureté pour ses do-
mestiques, la défiance de ses
parents et de ses amis. Il ne fait
que suivre son penchant naturel, qui le porte à tout ce qu'il
y a de pis ; et d'ailleurs, en imi-
tant les défauts des autres, il
leur montre qu'il est bien éloi-
gné de les leur reprocher.

X I I I.

Arrive-t-il à celui qu'il flatte
quelque chose de fâcheux, il
ne voudra pas être exempt de
peines semblables : il faudra
qu'il éprouve jusqu'aux mêmes
maladies, aux mêmes infirmités. A-t-il affaire à quelqu'un

qui ait la vue basse, il aura lui-
même de plus mauvais yeux; et
il se gardera bien d'entendre
clair, si son homme a l'oreille
dure. Vous le verrez éprouver
même et publier les accidents
dont on se cache. Si celui qu'il
flatte est malheureux dans sa
femme, dans ses enfants, dans
sa famille, il ne s'épargnera pas
lui-même; il se plaindra de ses
parents, de ses fils, de sa femme; il se piquera de publier
contre eux des choses qu'on a
coutume d'ensevelir dans le secret. J'en connois un qui ré-
pudia sa femme parceque son
ami avoit répudié la sienne :
mais il fut surpris lui faisant
secrètement des visites, et lui

donnant des rendez-vous clan-
destins. Ce fut l'épouse de l'ami
qui fit cette découverte.

X I V.

Le flatteur n'oublie pas que,
dans les ressemblances qu'il
affecte avec son ami, il ne doit
jouer que les seconds rôles : il
a bien soin, quand il s'agit de
qualités louables, d'avoir toujours l'infériorité, et de lui
laisser toujours le dessus ; mais
dans les qualités repréhensibles,
il reprend les premiers rôles.
Voilà, dans les conformités de
goût et de caractere, la différence d'un flatteur et d'un
ami.

X V.

Le flatteur croit devoir tout faire pour être agréable; le véritable ami fait toujours ce qu'il faut. Souvent il est agréable ; il est aussi chagrin quelquefois : ce n'est pas par choix qu'il adopte ce personnage ; mais il ne l'évite pas quand il croit que le bien de son ami l'exige.

X V I.

Qu'un flatteur change en beauté la laideur de celui qu'il flatte, qu'il lui prête une taille majestueuse quand il est petit ; c'est une tromperie dont on ne peut être dupe long-temps , et qui d'ailleurs fait bien peu de mal : mais la louange qui habitue à se livrer sans peine au vice, et même à s'y plonger avec plaisir, cette louange qui détruit la honte des fautes ; c'est celle qui est funeste. Elle a fait le malheur de la Sicile en donnant à la cruauté de Denys et de Phalaris le nom de justice et de haine des méchants. La plupart des rois sont des Apollons s'ils chantent, des Bacchus s'ils s'enivrent, des Hercules s'ils vont au combat : entraînés par la flatterie, ils se plongent dans toutes sortes d'opprobres.

X V I I.

On ne se contente pas d'employer des paroles pour flatter

les rois. Mithridate se croyoit
bon médecin, et aimoit à faire
des opérations : des courtisans,
pour lui témoigner combien ils
avoient de confiance en sa dex-
térité , se faisoient inciser et
brûler par ses mains royales.

XVIII.

Quelquefois le véritable ami
rencontre son ami sans lui parler, sans en recevoir aucune
parole ; il se contente de le regarder et de lui sourire. Son
regard témoigne ce qu'il a dans
le cœur ; et, dans le regard de
son ami, il trouve un témoignage semblable ; il passe : mais
le flatteur accourt avec empressement , fait de loin des saluta-

tions, s'excuse s'il n'a pas été le premier à prendre la parole, fait des serments, prend des témoins pour prouver que ce n'a point été sa faute.

XIX.

L'ami, dans ses actions, laisse échapper beaucoup de petites choses ; il ne se pique pas, dans ses services, d'une ponctualité scrupuleuse ; il n'est pas d'une curiosité inquiete ; il n'affecte pas de s'offrir pour toutes sortes de fonctions : mais le flatteur est toujours assidu, toujours agissant ; il ne veut céder la place à personne ; tous les services, c'est lui qui doit les rendre. Il attend les ordres, et veut qu'on lui en donne ; s'il n'en reçoit pas, il se désespere.

X X.

Les Lacédémoniens, vaincus par Antipater, se soumirent à tout ce qu'il voudroit leur infliger de plus dur, pourvu qu'il ne leur imposât rien de honteux. De même, si l'occasion se présente de rendre un service dispendieux, difficile, dangereux, l'ami est prêt à s'en charger ; il veut être appelé le premier, il ne prétexte aucune excuse, il ne sait que montrer du zele : mais s'il s'agit de quelque chose de honteux, il demande qu'on veuille bien l'épargner. Le flatteur fait le contraire. S'agit-il

de fatigue ou de danger , il s'excuse ; mais demandez-lui des
services bas , ignobles , honteux, c'est votre homme. Vous
ne devez pas craindre d'abuser
de lui : il ne tient même qu'à
vous de le fouler aux pieds ;
rien ne lui paroît dur ni of-
fensant.

X X I.

Rien de plus agréable pour
un ami que de voir un grand
nombre de personnes partager
ses sentiments , aimer celui
qu'il aime et en recevoir du
retour : il ne cherche et ne tra-
vaille qu'à multiplier le nombre
des personnes qui estiment son
ami, qui le chérissent : il pense
que les biens sont communs

entre amis ; et que , de tous ces biens, il n'en est aucun qui doive plus être mis en commun que les amis eux-mêmes. Mais le faux ami , ne pouvant se dissimuler qu'il insulte à l'amitié , est naturellement envieux , et ses sentiments jaloux se tournent contre ses semblables : il cherche à les surpasser en lâches bouffonneries. Mais les vrais amis sont ceux qu'il s'attache sur-tout à repousser. Il ne les laisse pas approcher ; ou , s'il ne peut les tenir éloignés, il les accable de caresses perfides, il les cajole, il leur prodigue de fausses admirations, et rend des hommages trompeurs à leur supériorité : mais

en dessous il seme contre eux
des calomnies ; il sait fort bien
que si la blessure se ferme, il
en reste au moins la cicatrice.

X X I I.

Alexandre disoit que ce qui
l'empêchoit sur-tout de croire
ceux qui le regardoient comme
un dieu, c'étoit le besoin de
dormir et celui de satisfaire à
l'amour. Portons nos regards
sur nos défauts, nos vices, nos
imperfections, nos fautes, et
nous reconnoîtrons que l'ami
qu'il nous faut n'est pas celui
qui nous loue, mais celui qui
nous parle librement, qui nous
fait entendre des reproches et
des réprimandes.

X X I I I.

Il est bien peu d'hommes qui osent être sinceres avec leurs amis, au lieu de chercher à leur être agréables. Dans ce petit nombre il est bien difficile d'en trouver qui sachent comment il faut dire la vérité, et qui. dans l'intention d'être sinceres, ne se permettent pas l'insulte et l'outrage. Il en est de la sincérité comme des autres remedes ; employéo mal-à-propos, elle afflige et trouble sans causer aucun bien. Elle produit en quelque sorte avec douleur ce que la flatterie produit avec plaisir.

X X I V.

Le reproche fait mal-à-propos n'est pas moins nuisible que la louange non méritée : il jette celui qui le reçoit dans les bras du flatteur. Il faut savoir tempérer la sincérité par la douceur, il faut que les expressions qu'elle emploie adoucissent sa lumiere, qui, par son éclat, causeroit un éblouissement douloureux, et forceroit à chercher l'ombre de la flatterie.

X X V.

Pour se soustraire au vice, il faut le remplacer par une vertu, et non par le vice contraire : n'imitons pas ceux qui se corrigent de la timidité par l'impudence , de la rusticité par la bouffonnerie , de la honte par l'insolence , de la mollesse par la férocité. On voit des gens qui se croient bien corrigés quand de superstitieux ils se sont faits athées , quand de simples ils sont devenus fourbes ; comme ces ouvriers mal-adroits qui , pour dresser un bâton , le courbent de l'autre côté.

X X V I.

Bien des gens ne veulent ou n'osent pas reprendre leurs amis tant qu'ils sont dans la prospérité ; ils ont pour maxime que le bonheur est inaccessible aux bons conseils : mais quand leurs amis tombent dans l'adversité, ils les attaquent sans ménagement ; c'est lorsque ces malheureux sont humiliés et sans défense qu'ils les foulent aux pieds. Mais si l'on a jamais besoin d'amis sinceres, c'est au milieu des faveurs de la fortune. Peu d'hommes conservent la présence d'esprit dans le bonheur : la plupart ont besoin de tirer du dehors la raison qu'ils n'ont plus en eux-mêmes. Il faut les fouler, en quelque sorte, par de bons raisonnements, pour faire sortir le vent de l'orgueil dont ils sont gonflés. Mais quand la fortune a détruit et renversé leur maison, n'est-ce pas une assez forte réprimande qu'elle leur a faite, et ne suffit-elle pas pour leur inspirer du repentir? Il n'est plus besoin que l'amitié leur fasse entendre des vérités dures, des paroles tristes et piquantes : c'est alors qu'il est bien doux pour eux de rencontrer les regards d'un mortel bienveillant qui les console et les encourage.

X X V I I.

Ceux qui ne posent pas les principes d'après les choses, mais qui forcent les choses à se prêter à leurs hypotheses, quoique, par leur nature, elles refusent de s'y plier, embarrassent la philosophie de difficultés insurmontables. C'est ce que font les stoïciens quand ils prétendent qu'excepté l'homme parfait, tous les hommes sont également vicieux et méchants. Aussi tout ce qu'ils disent sur les progrès de l'homme dans la vertu doit être regardé comme une énigme, ou plutôt comme le comble de l'absurdité. Quoi de plus absurde en effet que de placer, comme ils le font, au même degré de méchanceté ceux qui ne se sont pas dépouillés à-la-fois de tous leurs défauts, de toutes leurs foiblesses, et ceux qui ont encore conservé tous les vices ?

X X V I I I.

Si vous ajoutez une petite quantité à une petite quantité,

dit Hésiode, et que vous répétiez souvent cette opération, vous parviendrez à faire un monceau. Cela est vrai non seulement des richesses et des choses matérielles, mais aussi des progrès dans la vertu.

X X I X.

L'oracle ordonna aux habitants de Cirrha de combattre nuit et jour. De même, si vous pouvez vous rendre témoignage des combats que, jour et nuit, vous livrez aux vices ; si vous n'abandonnez que rarement votre poste ; si vous refusez opiniâtrément de prêter l'oreille aux voluptés, qui sont comme les hérauts des ennemis que vous avez à combattre, et qui voudroient vous exciter à faire treve avec eux ; vous pouvez continuer avec courage et confiance votre généreuse entreprise. Quand il vous arriveroit même de mettre quelque intervalle à vos travaux philosophiques, si vos derniers efforts ont été plus énergiques et plus longs que les premiers, c'est une heureuse preuve que, par l'exercice et la peine, vous êtes parvenu à domter votre indolence naturelle. Mais c'est au contraire un mauvais signe quand, après quelques efforts de peu de durée, on se donne de longs repos et qu'on laisse refroidir sa premiere ardeur.

X X X.

Être flatté de voir une belle personne, c'est un sentiment que tout le monde éprouve, et non le témoignage d'un amour naissant. Ce qui annonce un commencement d'amour, c'est l'impatience et la douleur que cause l'absence de l'objet aimé. Ainsi l'on voit bien des gens prendre du goût pour l'étude de la sagesse ; on diroit même qu'ils s'y livrent avec beaucoup de zele : mais qu'ils en soient détournés par quelques objets, que des affaires les obligent de l'interrompre, la passion qu'ils avoient montrée s'évanouit, et ils ne ressentent aucune peine d'abandonner cette vertu qui avoit paru les charmer. Il n'en est pas de même de ceux qui l'aiment fortement. Si vous étiez témoin de leurs travaux philosophiques , vous les verriez souvent, tant qu'ils sont maîtres de les suivre , ne s'y livrer qu'avec beaucoup de modération et d'une maniere paisible. Mais quelque obstacle vient-il à les en détourner , c'est alors que se manifeste le feu qui les anime : vous les voyez indignés contre tout ce qui les arrache à leur étude chérie ; ils oublient leurs amis ; ils semblent tomber dans la stupeur ; ils n'ont plus de sentiment que le desir qui les entraîne vers leur passion favorite.

XXXI.

La plus sûre preuve qu'on a fait des progrès dans la vertu, c'est lorsqu'on n'en trouve plus le sentier raboteux et escarpé, mais qu'il devient doux et facile, comme si, par l'exercice, on étoit parvenu à l'applanir.

XXXII.

On entre dans la carriere de la philosophie, et l'on est quelquefois entraîné loin de cette carriere par sa propre foiblesse. Quelquefois on ne peut résister aux conseils de ses amis : on se laisse ébranler par des plaisanteries, intimider par des badinages ; on n'a pas la force d'y résister, on se rend et l'on abandonne pour toujours l'entreprise généreuse qu'on avoit formée. Pour savoir si l'on a fait dans la philosophie de véritables progrès, si l'on persistera constamment à la suivre, il faut pouvoir entendre dire sans être ébranlé : « Voilà des gens de ton âge qui « sont en faveur à la cour des « rois ; en voilà qui sont parvenus à la fortune par de « riches mariages ; en voilà « que la foule environne et « favorise sur la place quand « ils briguent des magistratures « et qu'ils vont monter à la tri- « bune ». Quand on a pu se rendre insensible à ces divers objets de l'ambition, il est cer-

tain qu'on est devenu vérita-
blement philosophe. En effet,
pour cesser d'ambitionner ce
qu'admire le grand nombre , il
faut être devenu d'abord un
solide admirateur de la vertu.

X X X I I I.

Les uns par mauvaise hu-
meur, les autres par une sorte
de démence , se plaisent à bra-
ver les hommes : mais ce n'est
que par une véritable et solide
sagesse que l'on parvient à mépriser ce qu'ils admirent. En
comparant alors les biens inal-
térables que l'on s'est procurés
avec ceux que l'on dédaigne ,
on est fier de soi-même, et l'on
dit avec Solon : « Je ne change-

« rois pas mes vertus contre
« leurs richesses ; la vertu est un
« bien solide ; les richesses des
« hommes échappent, et se plai-
« sent à changer de maîtres. »

X X X I V.

Ce que l'on connoît, ce qu'on
aime dans les fleurs, c'est la va-
riété de leurs couleurs, c'est
l'odeur suave qu'elles exhalent ;
les abeilles seules savent en extraire le miel le plus doux. Ainsi
l'on se fait un jeu de la lecture
des poëtes, on ne cherche dans
leurs écrits que du plaisir : celui
qui sait y trouver et en recueillir
d'utiles préceptes, des vues sublimes, a contracté, par l'habitude et l'amour du beau, la facul-

té de le connoître et se le rendre propre. Ne lire de sages écrits que pour en admirer le style, c'est ne s'attacher qu'à la couleur et à l'odeur des plantes salutaires, et en négliger, en méconnoître les vertus.

X X X V.

L'amour ne veut pas de témoins ; c'est en secret qu'il voit couronner ses vœux et qu'il recueille les douceurs que lui prodigue l'objet aimé. L'amant de la sagesse se contente du témoignage qu'il se rend à lui-même que, dans sa conduite, il suit les loix de la vertu. Il peut bien concevoir une juste fierté ; mais il ne s'y livre qu'en silence, et n'a besoin ni de témoins ni de panégyristes.

XXXVI.

Le laboureur aime à voir les épis se pencher en se balançant vers la terre ; ceux qui, par légèreté, portent la tête haute, il juge qu'ils sont vuides et qu'ils n'ont qu'un orgueil stérile. Il en est ainsi des jeunes gens qui se livrent à la philosophie : ils annoncent d'autant plus de vanité dans leur maintien, dans leur démarche ; ils affectent d'autant plus de mépriser tout le monde, de n'avoir d'égards pour personne, qu'ils sont plus vuides en effet. Mais quand ils parviennent à cueillir les fruits de la sagesse, quand ils commencent à s'en remplir, ils se dépouillent de leur insolence et de leur vanité.

XXXVII.

L'air s'échappe d'un vase qui se remplit ; l'homme qui se remplit de vérités utiles se débarrasse de l'orgueil.

XXXVIII.

Le sage n'est aigre et mordant que contre lui-même ; il est doux pour les autres.

XXXIX.

La foule qui va se faire initier aux mysteres marche et s'avance à grand bruit ; ce sont des gens qui crient les uns contre les autres, qui se poussent réciproquement : mais au moment où ils reçoivent l'initiation, où se révelent à leurs yeux les sacrés mysteres, ils gardent un religieux silence, et sont frappés de respect et de crainte. De même, aux portes de la philosophie, c'est du bruit, du babil, de l'audace ; on se pousse violemment, et quelquefois même grossièrement pour arriver à la gloire : mais, dans l'intérieur du temple, quand le sanctuaire s'ouvre, quand la lumiere de la sagesse se communique dans tout son éclat, c'est tout un autre maintien ; on garde le silence ; on semble frappé d'une sainte horreur ; et c'est avec recueillement, avec

humilité , qu'on suit la raison
comme une divinité imposante.

X L.

Le malade appelle le médecin ; le frénétique le chasse, son
mal est trop grand pour qu'il
puisse le sentir. Tous les hommes ont des fautes, mais il faut
regarder comme incorrigible
celui qui prend en mauvaise
part les conseils ou les reproches. S'offrir de soi-même aux
réprimandes qu'on a méritées ,
parler de ses affections condam-
nables , découvrir ses pen-
chants vicieux, ne pas se plaire
à cacher ce qu'on a de repré-
hensible en soi-même , ne pas
prendre plaisir à déguiser ses

maux, en faire soi-même l'aveu, demander qu'on veuille bien les sonder et en indiquer le remede, c'est prouver qu'on a déja fait des progrès dans le bien.

X L I.

Celui qui veut se sauver, disoit Diogene, doit chercher un ami sûr ou un cruel ennemi.

X L I I.

Pyrrhon, battu sur mer d'une dangereuse tempête, vit un porc manger avec plaisir des grains d'orge répandus sur le tillac. « Celui, dit-il à ses com- « pagnons, qui ne veut pas que « les évènements puissent trou- « bler son ame, doit se procu-

« rer, par le raisonnement et la
« philosophie, une semblable
« insensibilité. »

XLIII.

C'est peu de bien juger, il
faut que nos jugements influent
sur notre conduite; c'est peu
de bien raisonner, il faut que
nos raisonnements produisent
des actions : c'est ainsi qu'on
s'avance dans le chemin de la
vertu. Veux-tu connoître si tu
es sur ce chemin ? examine si
tu cherches à imiter ce dont tu
fais l'éloge, si tu mets tous tes
efforts à faire ce que tu ad-
mires, si tu refuses même à ta
pensée de s'arrêter à ce que tu
blâmes. Sans doute il n'étoit

pas d'Athénien qui n'admirât le courage et la vertu de Miltiade : mais Thémistocle , en disant que le trophée de Miltiade lui ôtoit le sommeil, montroit bien qu'il ne se bornoit pas à admirer la gloire du grand homme, mais qu'il étoit prêt à imiter sa valeur.

X L I V.

Quand nous commencerons à aimer les hommes vertueux au point de ne pas seulement les trouver heureux eux-mêmes, mais heureux encore ceux qui entendent les paroles qui sortent de leur bouche ; quand nous en viendrons à aimer jusqu'a leur maintien , leur dé-

marche , leur regard , leur sou-
ris ; quand nous nous efforce-
rons d'être en harmonie avec
eux , de nous coller , en quelque
sorte , à leur existence , recon-
noissons alors que nous avons
fait des progrès dans la vertu.
Nous pourrons sur-tout être
certains de ces progrès , si , non
contents d'aimer les hommes
vertueux dans leur gloire , dans
leur prospérité , nous faisons
comme ces amants qui , dans
l'objet aimé , chérissent ou le
bégaiement ou la pâleur qui
le dépare ; si nous ne redoutons
ni l'exil d'Aristide , ni la prison
d'Anaxagore , ni la pauvreté de
Socrate , ni la mort de Phocion ; si nous regardons la vertu

comme digne de notre amour, avec les malheurs qui l'accompagnent, et si nous disons avec Euripide : « Ah ! que toutes les « situations sont belles pour les « hommes vertueux ! »

X L V.

César fit relever les statues renversées de Pompée. « En « rétablissant les statues de ton « rival, lui dit Cicéron, tu af- « fermis les tiennes ». Il ne faut épargner à son ennemi ni les louanges ni les honneurs qu'il a justement mérités. De tels éloges décorent bien plus celui qui les donne qu'ils ne peuvent honorer celui qui les reçoit. C'est ainsi qu'on se fait écouter avec plus

de confiance dans les reproches
que l'on forme contre son ennemi ; on prouve qu'ils ne sont
pas dictés par la haine, mais
qu'on a de justes raisons de réclamer contre les procédés dont
on se plaint.

X L V I.

Entre bien des causes qui
peuvent nous empêcher d'avoir
un ami, l'une des principales
est de rechercher un grand
nombre d'amis. C'est ressembler à ces courtisannes qui se
livrent à tout le monde et ne
s'attachent personne.

X L V I I.

Que résulte-t-il de ce goût
des liaisons nouvelles, de cette

facilité à se rassasier de ses premiers sentiments, à s'engouer toujours de ses derniers amis ? Qu'on abandonne bien des liaisons commencées, et que, pour une amitié naissante, on se prive de tous les amis sur qui l'on auroit pu compter.

XLVIII.

Quelle est la monnoie qui sert à acquérir des amis ? La bienveillance, l'affection, jointes à la vertu. Il n'est pas de monnoie plus rare. Comme on ne possede jamais en abondance de ces sortes de richesses, il n'est pas plus aisé d'acquérir beaucoup d'amis, qu'il ne le seroit d'acheter beaucoup d'esclaves avec peu d'argent. Aimer tendrement un grand nombre de personnes, en être tendrement aimé, voilà ce qui est impossible. Les rivieres deviennent foibles quand elles se divisent en trop de bras ; l'amitié s'affoiblit et s'épuise en se partageant sur un trop grand nombre d'objets. Ne sait-on pas qu'entre les animaux, les especes les plus attachées à leurs petits sont celles qui n'en portent qu'un à la fois ?

X L I X.

On voit autour des riches et des hommes en place une foule empressée à leur faire la cour, à en obtenir un bon accueil, à leur former un cortege, et on les félicite d'avoir un si grand nombre d'amis. Mais on voit encore bien plus de mouches dans leur cuisine. Qu'on ôte à celles-ci l'appât qui les attire, à ceux-là l'espérance des bienfaits qu'ils attendent ; les uns et les autres se dissiperont bientôt.

L.

On recherche trois choses dans l'amitié véritable : la vertu, qui en constitue la beauté ; l'habitude, qui en fait la douceur ; l'usage qu'on en retire, qui en forme l'utilité. C'est le jugement qui la lie, le commerce qui la rend agréable, l'occasion qui la rend utile.

Tout cela s'oppose à ce qu'elle
se multiplie ; et ce qui s'y oppose plus que tout le reste, c'est
le jugement. S'il faut bien du
temps pour examiner les sujets
qui doivent être assortis dans
un chœur , les rameurs qui
peuvent manœuvrer également
sur un vaisseau , les valets qui
méritent qu'on leur remette
l'administration de ses proprié-
tés , les maîtres à qui l'on
pourra confier l'éducation de
ses enfants , comment pour-
rons-nous choisir en peu de
temps des amis qui partagent
avec nous toutes les vicissitudes
du sort, qui nous rendent plus
douce encore la jouissance de la
prospérité , qui ne dédaignent

pas de supporter avec nous le malheur?

L I.

Si , comme ces pieces de mauvais aloi qu'on reconnoît à l'épreuve , nous venons à reconnoître les faux amis qui d'eux-mêmes se sont jetés à notre tête , nous sommes bien aises de les perdre , et , quand ils nous restent , nous faisons des vœux pour en être débarrassés : mais ce n'est pas sans beaucoup de peine qu'on parvient à dénouer des liaisons déplaisantes.

L I I.

Les haies et les chardons nous accrochent ; nous les écartons, nous les foulons aux pieds avec mépris, mais nous cherchons avec empressement les plants de vigne et d'olivier : de même il ne faut pas toujours nous lier avec tous ceux qui s'attachent trop aisément à nous ; mais il faut nous unir étroitement à des hommes éprouvés, qui méritent notre tendresse, et dont l'attachement ne peut manquer de nous être utile.

L I I I.

On reprochoit à Zeuxis de peindre lentement. « J'avoue, « répondit-il, que je suis fort « long à peindre ; mais aussi « mes tableaux dureront-ils « long-temps ». Il faut mettre bien du temps à juger ceux avec

qui l'on se lie, pour ne contracter que des liaisons de longue
durée.

L I V.

Il n'est pas aisé de trouver,
avec un trop grand nombre
d'amis, les avantages que de-
vroit procurer l'amitié. S'il
arrive que tous aient à-la-fois
besoin des mêmes services,
comment faire pour les aider
tous ensemble dans l'administration des affaires publiques,
ou dans la recherche des emplois, ou lorsqu'ils ont à remplir les devoirs de l'hospitalité?
Ce sera bien pis encore, si, dans
le même temps, plusieurs de
nos amis, qui auront des affaires
différentes et différentes incli-

nations, viennent réclamer à-la
fois nos bons offices. L'un nou
priera de lui tenir compagni
dans un voyage par mer ; l'autr
de le seconder dans un procès
un autre de l'aider à faire que
que achat ou quelque vente ; u
autre de participer au sacrific
qu'il va célébrer pour son maria
ge ; et un autre de pleurer ave
lui dans une cérémonie funebre
Il est impossible de les conten
ter tous, indigne de l'amitié d
n'en satisfaire aucun, fâchou
de mécontenter le plus gran
nombre pour complaire à u
seul. Il n'est personne qui aim
à se voir négliger de celui qu'i
regarde comme son ami. Il sup
portera peut - être de sa par

avec indulgence un défaut de soins et d'attention ; il recevra peut-être les excuses de son ami, qui se défendra sur un dé-faut de mémoire : mais que pen-sera-t-il d'un ami qui lui dira, pour excuser sa négligence : «Je « ne vous ai pas aidé dans votre « procès, parcequ'un autre de « mes amis avoit, dans le sien, « besoin de mes conseils ; je ne « vous ai pas rendu visite quand « vous aviez la fievre, parceque « je me divertissois avec un de « mes amis qui donnoit un re-« pas ». Quand on ne peut ex-cuser ses défauts de soins envers un ami que par les soins qu'on a rendus à un autre, on ne dé-truit pas ses reproches, et l on ne fait que lui inspirer de la jalousie.

L V.

Bien des gens considerent seulement les avantages que des amis peuvent leur procurer; ils ne pensent pas que s'ils reçoivent les bons offices de bien des personnes, il est aussi bien des personnes qu'ils prennent l'engagement d'obliger à leur tour. Si Briarée, avec cent mains, avoit eu cinquante estomacs à remplir, il n'auroit pas tiré plus de service de ses cent mains que nous qui n'en avons que deux pour satisfaire un seul estomac. De même, si nous recevons les secours d'un grand nombre d'amis, c'est un grand nombre de personnes dont nous avons à partager les travaux, les plaisirs et les peines.

L V I.

Il ne faut pas écouter Euripide quand il dit : « Les mortels « ne devroient contracter que « des amitiés modérées, et ne « pas les laisser gagner jusqu'aux « entrailles : il faudroit qu'ils « n'eussent que des liaisons fa- « ciles à dissoudre, et qu'il fût « en leur pouvoir de desserrer « ou de resserrer à leur gré ». C'est-à-dire qu'il en feroit comme du gouvernail d'un navire, qu'on tourne à volonté du côté qu'on a besoin. Tes idées se- roient bonnes, mon cher Euripide, en les transportant à la haine. Ce sont les haines qui doivent être modérées ; ce sont elles qui ne doivent pas pénétrer jusqu'aux entrailles : c'est l'inimitié, la colere, les querelles, les soupçons, qu'il seroit bon de pouvoir détruire à son gré.

L V I I.

Un homme se vantoit de n'avoir aucun ennemi : « Tu m'as « bien l'air, lui dit Chilon, de « n'avoir aucun ami ». Les haines ne tardent point à accompagner l'amitié ; elles s'y attachent. Il est impossible de ne pas partager les offenses, les ressentiments, les injures qu'éprouve un ami : les ennemis d'un homme ne manquent pas de regarder comme suspects ceux qui ont pour lui de l'amitié ; ils en font les objets de leur haine. Il arrive encore que ses amis sont envieux de ceux qu'il aime, et se livrent réciproquement à tout ce que peut inspirer la jalousie. Timésias vouloit établir une colonie : il consulta l'oracle ; voici la réponse qu'il reçut : « L'essaim de guêpes suit de « près l'essaim d'abeilles ». Ceux qui cherchent un essaim d'amis ne savent pas qu'ils trouveront un essaim d'ennemis, et que la rage de la haine est bien plus active que la bienveillance de l'amitié.

L V I I I.

Ce qui s'oppose sur-tout à ce qu'on puisse avoir un grand nombre d'amis, c'est que l'amitié naît des rapports qui se trouvent entre ceux qui la contractent. Comment pourroit-elle naître entre des gens de mœurs différentes, de caracteres opposés, et qui n'auroient rien de commun dans leur maniere de vivre? Elle suppose une conformité de pensées, d'opinions, d'affections, de volonté, comme si c'étoit une seule ame qui fût partagée entre plusieurs corps.

LIX.

Il semble que les vêtements
échauffent ; cependant ils ne
sont pas chauds et ne répandent
pas de chaleur : ils sont plutôt
froids par eux-mêmes ; et quand
on a chaud , ou quand on a la
fievre , on en change pour se
rafraîchir. Les vêtements ne
font qu'envelopper le corps ; ils
maintiennent la chaleur que
l'homme exhale de lui-même,
et l'empêchent de s'échapper.
C'est ainsi que la plupart des
hommes se laissent tromper par
les choses. Ils croient qu'ils ne
sauroient manquer de vivre
agréablement s'ils se logent dans
de vastes palais , s'ils y en-

tassent des richesses, s'ils les remplissent d'une foule d'esclaves. Mais ce n'est pas hors de nous que se trouve ce qui fait vivre dans le bonheur et le contentement; c'est de son propre caractere, comme d'une source féconde, que l'homme répand sur ce qui l'entoure la joie et le plaisir.

L X.

Quand l'ame est satisfaite, la richesse offre de plus douces jouissances, la gloire a plus d'éclat, le pouvoir plus de charmes. Avec un caractere doux et facile, on rend même léger le poids du malheur, de l'exil, de la vieillesse. Il en est comme des parfums, qui communiquent leur agréable odeur aux étoffes les plus grossieres, aux plus misérables haillons. Il n'est point d'état dans la vie que la vertu ne mêle de plaisir. Mais le faste, la magnificence, la grandeur, tout paroît triste, rebutant, insupportable, avec la méchanceté.

L X I.

Amasse de l'argent, entasse des monceaux d'or, fais-toi planter de vastes promenades, qu'une foule d'esclaves inonde tes appartements, aie des fonds placés sur tous tes concitoyens : si tu ne domtes point les passions de ton ame, si tu n'im-

poses pas un frein à ta cupidité,
si tu ne te délivres pas de tes
craintes et de tes soucis, c'est
administrer du vin à un fébri-
citant , nourrir de miel un
malade bilieux, donner des aliments solides à un malheureux
que tourmente la colique.

L X I I.

Ne vois-tu pas que les malades sont dégoûtés des aliments
les plus recherchés, qu'ils les
refusent, qu'ils les rejettent si
on veut les forcer d'en prendre? Mais quand leurs humeurs
ont recouvré l'équilibre, quand
leur sang s'est adouci, quand ils
ont repris leur chaleur naturelle, ils mangent avec plaisir

du pain le plus grossier avec du fromage et du cresson. La raison met notre ame dans cet heureux état de santé. Apprends ce qui est honnête et beau ; tu seras content de toi-même. Au sein de la pauvreté tu vivras dans un faste royal ; tu n'aimeras pas moins ta vie obscure que celle des généraux et des magistrats. Étudie la sagesse ; ta vie sera semée de plaisirs. Tu aimeras la richesse, parcequ'elle te permettra de faire beaucoup de bien ; la pauvreté, parcequ'elle te délivrera de tous soucis ; la gloire, parcequ'elle te procurera des respects ; l'obscurité, parcequ'elle te garantira des traits de l'envie.

LXIII.

On ne sauroit prévoir les coups de la fortune. Ce qu'on a pris long-temps bien de la peine à amasser, elle l'enleve en un instant. Elle détruit la prospérité qui sembloit la mieux établie, et n'a pas d'époque marquée pour exercer ses caprices.

LXIV.

Pausanias, roi de Lacédémone, se vantoit sans cesse de ses exploits. Un jour il pria d'un ton railleur le poëte Simonide de lui adresser quelque sage maxime. Le poëte sentit tout l'orgueil du Lacédémonien, et se contenta de lui

dire : « Souviens-toi que tu es
« homme. »

L X V.

On vint annoncer à Philippe,
roi de Macédoine, trois heureux évènements qui lui étoient
arrivés à-la-fois : il avoit rem-
porté dans les jeux olympiques
le prix de la course des chars ;
Parménion, le général de ses
armées, avoit vaincu les Dar-
daniens ; et sa femme Olympie
venoit de lui donner un enfant
mâle. Il leva les mains au ciel :
« O Dieu ! s'écria-t-il, envoie-
« moi quelque malheur suppor-
« table pour compenser tant de
« prospérités. »

L X V I.

Théramene , l'un des trente tyrans d'Athenes , se sauva seul d'une maison où il dînoit avec un grand nombre de convives , et qui les écrasa tous. Comme tout le monde le félicitoit , il s'écria d'une voix forte : « O « Fortune ! tu me gardes pour « quelque autre occasion ». Et en effet , peu de temps après , il mourut dans les tourments , condamné par ses collegues.

L X V I I.

Qu'a donc la mort de si difficile? qu'a-t-elle de si affligeant? Il n'est rien qui nous appartienne de si près que la mort , rien avec quoi nous devrions être plus familiers. Pourquoi donc nous semble-t-elle si terrible ? Qu'y a-t-il d'étonnant que ce qui doit être tranché vienne à l'être, que ce qui doit se dissoudre tombe en dissolution, que ce qui peut être consumé devienne la proie du feu, que ce qui est destructible soit détruit ? Est-il un instant de la vie où la mort ne soit pas en nous-mêmes ? et, comme le dit Héraclite, « Celui qui vit ou « qui est mort, qui dort ou qui « est éveillé, qui est jeune ou « dans la vieillesse, est toujours « le même être ; il ne fait que « subir différentes variations ». On peut, de la même cire, faire

des figures d'animaux, les dé-
faire, les refaire, et recommen-
cer toujours. C'est ainsi que la
nature, avec la même matiere,
a fait autrefois nos ancêtres,
ensuite nos peres, nous ensuite;
et elle en formera d'autres gé-
nérations encore, que d'autres
continueront de suivre. Le fleuve de la génération coule sans
cesse et ne s'arrêtera jamais : il
en est de même du fleuve de la
destruction, qu'on peut appeler
Achéron ou Cocyte, comme
l'ont nommé les poëtes.

LXVIII.

Socrate disoit que la mort
étoit un profond sommeil, ou
un grand voyage, ou la des-

truction du corps et de l'ame,
et que, de toutes ces manieres,
elle n'étoit point un mal. Est-elle
un sommeil ? puisque ce n'est
point un malheur de dormir,
ce n'en est pas un d'être mort;
et l'on sait que le sommeil le
plus profond est aussi le plus
doux. Est-elle un voyage? elle
est encore un bien plutôt qu'un
mal ; car c'est un bonheur d'être
délivré de la servitude de la
chair, et des passions qui nous
agitent, qui troublent notre
intelligence et l'embarrassent
de choses vaines. Est-elle la
dissolution et l'entiere destruction du corps et de l'ame? elle
n'est point encore un mal ; car
elle est alors l'entiere absence

du sentiment, et par conséquent la délivrance de toute peine et de toute douleur. Nous ne saurions plus éprouver de bien ni de mal ; car le bien ne peut s'attacher qu'à ce qui est, qu'à une substance ; et il en est de même du mal. Ni l'un ni l'autre n'a de prise sur ce qui n'est pas, sur ce qui a été retranché de la classe des êtres.

L X I X.

On rapporte un mot ingénieux d'Arcésilas : « La mort « s'appelle un mal, disoit-il, « et elle est différente de toutes « les autres choses qu'on appelle « des maux. Elle n'a jamais fait « de mal à personne étant pré-

« sente ; c'est quand elle est en-
« core absente qu'elle afflige
« ceux qui l'attendent. »

L X X.

Un effet des calomnies que
l'on débite contre la mort, c'est
que, par lâcheté, bien des gens
meurent pour ne pas mourir.

L X X I.

Il est des gens qui accordent
qu'on ne doit pas trop s'affliger
de toutes sortes de morts :
ce sont les morts prématurées
qu'ils trouvent sur-tout affli-
geantes. Elles ne permettent pas
à ceux qui en sont les victimes
de profiter de tout ce qu'on regarde comme les biens de la

vie, le mariage, l'instruction, les progrès vers la perfection, les honneurs, les grandes charges, l'éclat des magistratures supérieures. Cependant, si la mort prématurée est affligeante, il n'en est pas qui soit aussi prématurée que celle des petits enfants, et c'est précisément celle dont on s'afflige le moins. On n'a peine à supporter que celle des jeunes gens déja formés, parcequ'on fondoit sur eux de grandes espérances. Mais si la plus longue durée de la vie humaine n'étoit que de vingt ans, nous ne trouverions pas prématurée la fin de celui qui termineroit sa carriere à quinze ans, et nous dirions qu'il étoit parvenu à son terme : mais surtout nous ne croirions jamais pouvoir assez féliciter celui qui atteindroit à vingt ans , ou qui approcheroit du moins de ce grand âge ; nous dirions qu'il auroit parcouru la vie la plus heureuse , et qu'il en auroit franchi tout le cercle. Mais si l'homme avoit deux cents ans à vivre , on gémiroit sur celui qui mourroit à cent ans, et l'on se plaindroit de ce que ses jours auroient été tranchés dans la fleur de l'âge.

LXXII.

Il n'est aucun genre de mort que l'on n'accuse. L'un meurt en voyage ; on gémit sur sa des-

tinée ; malheureux, à qui son
pere, sa tendre mere, n'ont pu
fermer les yeux ! L'autre meurt
dans sa patrie, dans les bras de
ses parents : on se plaint de ce
qu'il leur est enlevé des mains,
et ne leur laisse que des regrets.
S'il meurt sans parler, on s'é-
crie : « Tu ne m'as pas adressé,
« en tes derniers instants, de
« ces paroles dont je conserve-
« rois un éternel souvenir ».
S'il a dit quelques mots, on ne
fait que les répéter, et c'est un
surcroît de douleur. A-t-il été
frappé d'une mort prompte ? ce
n'est qu'un cri : « Il nous a été ar-
« raché ». A-t-il fini lentement ?
ce sont encore des plaintes :
« Il a été consumé à petit feu,

« il a fini dans les tortures ».
Enfin on trouve toujours des
prétextes de gémir et de se la-
menter.

LXXIII.

« Cache ta vie ». L'auteur de
cette maxime (1) n'a pas voulu
être caché : il ne l'a publiée,
au contraire, que pour ne l'être
pas, et pour montrer qu'il avoit
des pensées supérieures à celles
du commun des hommes. En
exhortant les autres à l'obscurité, il a pris un moyen détour-
né d'acquérir de la gloire. Je
n'aime pas le sage qui ne fait
pas pour lui-même usage de sa
sagesse.

____

(1) Epicure.

L X X I V.

C'est par un amour désor-
donné de la gloire que certaines
gens la calomnient auprès de
leurs rivaux. Ils veulent les en
dégoûter , et jouir seuls de ses
charmes , sans avoir à combattre
pour elle.

L X X V.

Pur moi , je dirois plutôt :
Ne te cache pas , quand même
tu vivrois mal : laisse-toi connoître, deviens sage, et change
de vie. Si tu es vertueux, montre-toi pour ne pas rester inutile. Si tu as le malheur d'être
vicieux, montre-toi encore pour
qu'on puisse soigner ton mal et
te soustraire au vice.

L X X V I.

Fais-nous donc connoître
précisément à qui tu adresses
ton conseil de cacher sa vie.
Est-ce à l'ignorant, au méchant, au sot? c'est comme si
l'on disoit à un homme qui a la
fievre ou qui tombe en frénésie :
« Prends bien garde que le mé-
« decin ne te connoisse ; en-
« ferme-toi dans les ténebres,
« et reste-s-y caché avec les
« maux que tu endures ». C'est
pourtant ce langage que tu tiens
à ceux qui éprouvent la maladie
du vice. Tu leur dis : « Rendez
« vos maux incurables et mor-
« tels ; tenez secrete l'envie qui
« vous dévore, la superstition

« qui vous tourmente ; cachez
« bien la fievre qui vous con-
« sume ; prenez bien garde de
« vous faire connoître à ceux
« qui pourroient vous soigner
« et vous guérir. »

LXXVII.

Dans la haute antiquité on
exposoit les malades en public.
Tout passant qui croyoit connoître un remede à leurs maux,
soit que lui-même en eût été
atteint, soit qu'il eût traité des
personnes qui les avoient éprouvés, leur disoit ce qu'ils de-
voient faire. On prétend que
c'est ainsi que l'art a fait des
progrès et a pris de l'étendue
par le concours des diverses ex-
périences.

S

LXXVIII.

Il faudroit que ceux qui sont atteints de maladies morales fissent voir à nud la défectuosité de leur ame, qu'ils se dépouillassent à tous les yeux, qu'on pût les tâter, sonder leur état, et leur dire : « Tu es colere, « garde-toi de ce vice ; tu es « jaloux, fais usage de ce re- « mede ; tu aimes, j'ai comme « toi été frappé de ce mal, et « j'en ai guéri ». Mais non ; ils s'obstinent à nier leurs infirmités ; ils les cachent, ils les couvrent, et rendent plus profond l'ulcere rongeur du vice.

LXXIX.

Ordonner aux hommes ver-
tueux de se tenir cachés, c'est
dire à Épaminondas, « Ne com-
« mande pas les armées »; à
Lycurgue, « Ne donne pas de
« loix aux Spartiates »; à Thra-
sybule, « Ne délivre pas ta pa-
« trie des tyrans »; à Pytha-
gore, « Ne donne pas des le-
« çons de sagesse »; à Socrate,
« Cesse tes entretiens philoso-
« phiques. »

LXXX.

Existe-t-il un sage qui, dans
les œuvres de la nature, recon-
noisse et célebre un Dieu, une
justice, une providence; dans

la morale, une loi qui doit gouverner les hommes, une communauté d'avantages réciproques qui doit les lier entre eux, des engagements auxquels ils doivent se soumettre pour le bien de la société ; dans la politique, le beau et non pas l'intérêt ? pourquoi cacheroit-il sa vie afin de n'instruire personne, de n'être un sujet d'émulation pour personne, de ne donner à personne un exemple de vertu ?

L X X X I.

Si Thémistocle étoit resté caché pour les Athéniens, les Grecs n'auroient pas repoussé Xerxès. Si Camille n'avoit pas été connu des Romains, Rome

eût été détruite. Si Dion n'avoit
pas été connu de Platon, la Sicile seroit restée dans l'esclavage.

LXXXII.

Si nous jouissons de la lumiere, ce n'est pas seulement
pour être apperçus, mais pour
nous rendre service les uns aux
autres. Si nous sommes connus,
ce n'est pas uniquement pour
acquérir de la gloire, mais pour
être plus à portée de pratiquer
la vertu. Épaminondas, incon-
nu pendant quarante ans, ne
fit rien d'utile pour les Thé-
bains : connu enfin et revêtu
de leur confiance, il sauva leur
république, qui étoit perdue
sans lui; il délivra la Grece

qui tomboit dans l'esclavage. Sa gloire fut comme une lumiere qui fit appercevoir sa vertu, et la rendit utile dans l'occasion.

LXXXIII.

Une obscure inactivité, une vie sédentaire passée dans le repos flétrit à-la-fois l'ame et le corps. Il en est comme de ces eaux qui restent stagnantes à l'ombre d'une épaisse forêt; elles croupissent : de même, faute d'exercice, les facultés de l'homme se corrompent et tombent dans la décrépitude.

LXXXIV.

Se jeter dans l'obscurité et chercher à s'envelopper de ténebres, c'est plonger sa vie dans le tombeau, paroître affligé de sa naissance, et vouloir nier qu'on existe.

L X X X V.

Il étoit sage ce Sicyonien qui, tranquillement occupé à élever des chevaux, donna au roi des rois, au grand Agamemnon, une cavale légere à la course pour être dispensé de le suivre sous les murs d'Ilion, et pour continuer de goûter en paix les douceurs de l'aisance et du repos. Il est des hommes qui sembleroient devoir trouver le bonheur dans leurs occupations paisibles ; mais il faut qu'ils se tourmentent eux-mêmes sans que personne les y contraigne. Vois ce malheureux que le besoin de faire son supplice traîne au milieu des cours, des pompes bruyantes, des brillants corteges : que veut-il ? parvenir, après bien des peines, à recevoir un cheval, une bagatelle de prix, quelqu'une de ces choses vaines que l'on croit qui contribuent à la félicité. Il laisse sa femme dans la douleur, sa famille dans l'abandon ; il erre, il se traîne, bercé d'espérances et ne recueillant que des mépris. S'il obtient quelque chose de ce qu'il desire, emporté dans le tourbillon de la fortune, étourdi du mouvement impétueux qui l'entraîne, il voudroit en sortir ; il porte envie à ceux qui, dans l'obscurité, menent une vie tranquille. Mais ceux-ci, non moins insensés, en le voyant élevé au-dessus de leur tête, ne cessent d'envier son bonheur.

LXXXVI.

Les tyrans, pour rendre malheureux ceux qu'ils persécutent, sont obligés d'entretenir des questionnaires, des bourreaux, et de s'entourer d'instruments de supplices : mais le vice, sans aucun préparatif, pénetre dans l'ame, la comprime, la tourmente, et remplit l'homme de soucis, de chagrins et de remords.

L X X X V I I.

Quand les villes ont de grands travaux à proposer, comme des constructions de temples, ou des colosses à jeter en fonte, elles écoutent les discussions des artistes, elles examinent leurs calculs, elles font attention aux exemples qu'ils rapportent d'ouvrages du même genre, et elles adjugent l'entreprise à celui qui paroît devoir s'en acquitter le mieux, avec le plus de célérité et le moins de frais.

Mais supposons qu'on veuille publier l'entreprise de rendre la vie humaine bien malheureuse : le vice et la fortune se présentent pour s'en disputer l'adjudication. Celle-ci, pour accabler de malheurs la vie humaine, se munit d'instruments de toute espece, et fait un étalage d'apprêts fastueux; guerre, brigandage, férocité des tyrans, foudres, tempêtes, délations, poignards, emprisonnements, chaînes, cachots, tortures : encore faut-il avouer que la plus grande partie de tout cela appartient plutôt à la méchanceté des hommes qu'à la fortune. Mais supposons qu'il n'y ait rien de tout cela qui ne soit de son domaine. Le vice de son côté est tout nud; il n'a besoin de rien que de lui-même. Il demande à la fortune comment elle va s'y prendre pour faire

le malheur de l'homme, pour
le réduire au désespoir. « O for-
« tune, dira-t-il, tu le menaces
« de la pauvreté : Métroclès se
« moquera de toi, lui qui l'hiver
« passe la nuit dans les étables,
« et l'été sous les vestibules des
« temples ; et cependant il défie
« le roi des Perses d'être plus
« heureux que lui, quoique ce
« prince passe l'hiver à Baby-
« lone et l'été dans la Médie. Tu
« le menaces d'être réduit en
« servitude, chargé de chaînes,
« mis en vente ; vaine menace,
« dont se rit Diogene. Exposé
« en vente par des brigands, il
« cria lui-même à la place de
« l'huissier : QUI VEUT ACHETER
« UN MAÎTRE ? Tu vas broyer

«une coupe de poison. Eh!
« ne l'as-tu pas déja fait boire
« à Socrate? il l'a reçue calme
« et tranquille, sans trem-
« bler, sans changer ni de
« maintien ni de couleur, et l'a
« avalée sans peine. Les témoins
« de sa mort célébroient son
« bonheur; et, dans une fin si
« belle, ils croyoient voir l'ou-
« vrage des dieux. Tu peux
« faire périr un homme dans
« les flammes. Mais quoi! lo
« romain Décius, de son pro-
« pre choix et lorsqu'il étoit
« revêtu des honneurs du com-
« mandement, ne s'est-il pas
« précipité, au milieu de son
« camp, dans le bûcher qu'il
« avoit préparé lui-même, et

« ne s'est-il pas couvert d'une
« gloire immortelle en s'offrant
« en sacrifice à Saturne ? Dans
« l'Inde, les femmes les plus
« respectables par leur sagesse
« et qui ont aimé le plus ten-
« drement leur époux se dis-
« putent à sa mort la gloire
« de périr dans les flammes de
« son bûcher, et celle qui em-
« porte l'honneur d'être consu-
« mée vivante sur le corps in-
« sensible est un objet d'envie
« pour ses rivales. Il n'est dans
« ce pays aucun sage qui, jouis-
« sant encore de sa connois-
« sance et de sa santé, ne veuille
« opérer par le feu la séparation
« de son ame et de son corps,
« et se purifier, en mourant,

« des souillures de la chair.
« Peut-être d'un état brillant,
« d'une maison splendide, d'u-
« ne table somptueuse, vas-tu
« réduire l'homme dont tu veux
« combler l'infortune à se cou-
« vrir d'un manteau grossier, à
« porter la besace, à subvenir
« avec peine aux besoins de
« chaque jour. Eh ! c'est par-là
« que Diogene est entré dans la
« carriere du bonheur, et Cra-
« tès dans celle de la gloire et
« de la liberté. Tu l'attacheras
« en croix, tu le feras expirer
« sur le pal. Eh ! qu'importe,
« te diroit Théodore, que j'ex-
« pire sur la terre ou élevé au-
« dessus de la terre ? Cette der-
« niere sépulture est la plus

« honorable chez les Scythes ;
« des chiens sont les tombeaux
« des Hyrcaniens ; les habi-
« tants de la Bactriane veu-
« lent être la proie des oiseaux:
« et voilà ce que ces peuples
« appellent faire une heureuse
« fin. Quels sont donc enfin
« ceux que toutes tes inven-
« tions peuvent rendre mal-
« heureux ? Des hommes foi-
« bles , déraisonnables , mal
« élevés , qui n'ont exercé ni
« leur corps ni leur esprit, et
« qui ont conservé tous les pré-
« jugés de leur enfance. La
« fortune ne sauroit faire des
« malheureux sans être secon-
« dée par le vice. »

LXXXVIII.

On applaudit quand on entend prononcer sur le théâtre cette maxime : « L'homme n'ai-« me l'homme que par intérêt ». C'est aussi par intérêt, suivant Épicure, que le pere aime son fils ; la mere, le fruit de ses entrailles ; le fils, ceux dont il a reçu le jour. Mais si les animaux avoient l'usage de la parole, s'ils avoient des théâtres, on y diroit qu'ils font des petits sans intérêt et pour obéir à la nature ; et tous les animaux de l'amphithéâtre applaudiroient, tous rendroient témoignage à la vérité de cette maxime. Il est honteux que, guidés par la nature, les animaux souffrent avec plaisir les douleurs de l'enfantement et toutes les fatigues que leur donne la nourriture de leurs petits; tandis que les hommes regardent ces peines comme un fonds qu'ils placent à usure, comme une tâche dont ils s'acquittent en qualité de mercenaires, comme des arrhes qu'ils donnent pour une affaire dont ils comptent bien tirer avantage.

LXXXIX.

Mais non : c'est un injuste reproche fait à l'humanité. Ce seroit vainement que la nature auroit travaillé avec tant de soin les organes de la généra-

tion et ceux où doit s'éla-
borer la premiere nourriture
de l'enfance, si elle n'avoit pas
inspiré aux femmes la tendresse
maternelle. De tous les animaux le plus imparfait, le plus
incapable de se suffire à lui-
même, le plus nud, le plus in-
forme, le plus rebutant à la
vue, c'est l'homme au moment
de sa naissance. Couvert de sang
et tout souillé de vuidanges, il
a moins l'air de venir au jour
que d'être échappé d'un mas-
sacre. Pour le toucher, l'élever
dans ses mains, le baiser, le
presser dans ses bras, il ne faut
pas moins que l'amour naturel
d'une mere. Aussi la nature,
dans les animaux, a-t-elle placé

les mamelles sous le ventre;
mais chez les femmes elles sont
placées sur la poitrine, en sorte
que la mere peut allaiter à-la-
fois et baiser son enfant. Non,
le but de l'enfantement et de la
nourriture n'est pas le besoin,
mais la tendresse. Transpor-
tons-nous en imagination jus-
ques dans les temps de la plus
haute antiquité : la premiere
mere connoissoit-elle quelque
loi qui lui fît une obligation
de nourrir l'enfant qui venoit de naître ? espéroit-elle
de sa part quelque reconnoissance ? pouvoit-elle attendre
un profit usuraire du soin
qu'elle alloit prendre de le
nourrir ? les souffrances qu'elle

venoit d'endurer ne devoient-
elles pas lui inspirer de la haine
pour celui qui les avoit causées?
Mais la tendresse naturelle parle
à son cœur. Languissante encore et palpitant de douleur,
elle ne fuit pas celui qui l'a
fait souffrir, elle lui sourit,
elle l'élève dans ses bras, elle
le couvre de baisers ; au lieu
d'en recueillir aucune douceur
qui puisse lui servir de récom-
pense, elle n'en reçoit que des
peines ; et cependant elle l'en-
veloppe de langes, elle le ré-
chauffe, elle lui procure du
rafraîchi sement, et voit sans
peine les fatigues plus pénibles
de la nuit succéder pour elle
aux fatigues du jour.

X C.

A présent même les espérances que nous fondons sur nos enfants sont éloignées et bien incertaines : la plupart des peres finissent leurs jours sans les avoir vues confirmées. Néoclès n'a pas vu Thémistocle vainqueur à Salamine ; Miltiade n'a pas été témoin des exploits de Cimon son fils sur les bords de l'Eurymédon ; Xantippe n'a point entendu Périclès haranguer le peuple ; Ariston n'a pas vu Platon donner des leçons sublimes dans l'académie ; les peres de Sophocle et d'Euripide n'ont pas vu couronner les talents de leurs fils :

ils les ont entendus balbutier et joindre avec peine des syllabes ensemble ; ils les ont vus tout occupés d'amour et de parties de plaisir.

X C I.

Il est ridicule de dire que les riches, à la naissance de leurs enfants, soient pénétrés de joie et offrent aux dieux des sacrifices de reconnoissance, parceque ces enfants pourront un jour les nourrir dans leur vieillesse et les ensevelir à leur mort. Il n'est pas moins ridicule d'avancer qu'ils se font un plaisir d'élever des enfants pour avoir un jour la consolation de leur laisser leur héritage : comme s'il étoit bien difficile de trouver des gens toujours prêts à hériter! Danaüs eut cinquante filles : s'il n'avoit pas eu du tout d'enfants, il auroit encore trouvé à sa mort un plus grand nombre d'héritiers.

XCII.

Parler de soi comme si l'on étoit quelque chose de bien important et qu'on eût le droit de prétendre à quelque supériorité sur les autres, c'est un vice qu'on regarde justement comme une impolitesse, parcequ'il est importun à tout le monde. Tout honteux cependant qu'est ce vice, il se trouve, même entre ceux qui le blâment le plus, bien peu de gens qui sachent s'en garantir.

XCIII.

Nous regardons avec raison comme des gens sans pudeur ceux qui font leur propre éloge, parceque leur devoir seroit de montrer de la modestie, même si c'étoit d'autres qui daignassent les louer. On peut aussi les regarder comme injustes, parcequ'ils usurpent d'eux-mêmes ce qu'ils devroient attendre qui leur fût accordé. Ils ont d'ailleurs avec nous le tort de nous mettre dans l'embarras : car si, pendant qu'ils se louent, nous gardons le silence, nous avons l'air d'être affligés de leur mérite et d'y porter envie ; ou, si nous voulons éviter ce reproche, il faut

que nous appuyions ces louanges , fussent-elles contraires à
notre pensée ; nous nous trou-
vons dans la nécessité d'y joindre notre aveu, et de louer un
homme en face : ce qui est moins
rendre hommage au mérite que
jouer le personnage de flatteur.

X C I V.

Il est cependant une circon-
stance où, sans encourir le blâme , on peut se permettre de
dire du bien de soi-même ; c'est
quand on est poursuivi par la
calomnie, ou qu'on se trouve
injustement accusé. Le peuple
d'Athenes accusoit Périclès de
tous ses maux : il osa dire à ce
peuple assemblé : « Vous êtes

« irrités , ô Athéniens , contre
« un citoyen tel que moi , qui
« crois ne pas moins savoir que
« personne ce que vous devez
« faire , qui n'ai pas moins que
« personne le talent de vous
« faire connoître vos véritables
« intérêts , qui aime la patrie ,
« et qui suis au-dessus de la cu-
« pidité ». En parlant si magni-
fiquement de lui-même , il ne
se livroit pas à une vaine for-
fanterie , il ne cherchoit point
à capter de la réputation ; mais
il montroit de la grandeur
d'ame en ne se laissant pas hu-
milier ; et , par son courage ,
il humilioit l'envie elle-même
et se la soumettoit.

X C V.

Ce n'est pas seulement aux accusés et aux hommes qui se trouvent dans le péril qu'une juste fierté peut convenir, mais encore au malheureux : elle est un vice dans l'homme fortuné. Celui-ci semble vouloir faire violence à la gloire et se la soumettre en esclave; mais l'infortuné est bien loin de concevoir une si haute ambition. Il fait un juste effort pour se soulever contre la fortune qui le terrasse ; il rassemble toutes les forces de son ame pour lutter contre elle ; il s'indigne de devenir un objet de pitié ; il rougiroit de gémir sur les évè-

nements qui se rassemblent
contre lui et qu'il n'est pas en
son pouvoir de conjurer ; il frémit de se laisser abattre par le
sort. Nous nous moquons de
ces hommes vaniteux qui se re-
dressent à la promenade ; nous
louons le généreux athlete qui
se grandit en quelque sorte de-
vant son adversaire.

X C V I.

Phocion étoit un homme
doux et modeste ; mais, après
sa condamnation, il fit voir au
peuple assemblé qu'il n'ignoroit
pas ce qu'il valoit. L'un de ceux
qui étoient condamnés à mourir
avec lui se lamentoit et ne pou-
voit se plier à sa destinée : « Eh

« quoi ! lui dit le grand homme,
« tu n'es pas fier de mourir avec
« Phocion ! »

XCVII.

Thémistocle, dans le temps
de ses exploits, ne parloit pas
de lui-même ; mais quand il vit
les Athéniens las de sa gloire, il
ne craignit pas de leur dire :
« Malheureux, vous vous en-
« nuyez d'être toujours bien
« servis par le même homme :
« vous ressemblez à ces voya-
« geurs qui, dans l'orage, cher-
« chent l'abri d'un arbre, et
« qui s'amusent à en arracher
« les feuilles quand le beau
« temps est revenu. »

XCVIII.

Celui qui reprend dans les autres les vices dont il est infecté lui-même, fait penser à l'opprobre qui le couvre, et c'est sur lui que retombe le blâme dont il vouloit charger les autres. L'homme de bien, en faisant l'éloge des hommes vertueux, fait ressouvenir qu'il leur ressemble. C'est une belle maniere de faire son propre éloge.

XCIX.

On peut se faire pardonner le bien qu'on dit de soi-même en ne s'en faisant pas un mérite et le rapportant aux dieux et à la fortune. Python, après avoir donné la mort à Cothys, qui gouvernoit la Thrace en tyran, vint à Athenes et y tint une conduite fort sage. Les orateurs ne se lassoient pas de l'accabler d'éloges auprès du peuple, et c'étoit à qui lui en prodigueroit davantage. Il sentit que tant de louanges finiroient par déplaire au peuple. « Athéniens, dit-il, « un dieu a donné la mort au « tyran ; je n'ai fait que prêter « ma main. »

C.

C'est une impolitesse de contredire les louanges qu'on entend donner aux autres : cependant s'il arrive que ces louanges soient dangereuses et corruptrices, si elles peuvent inspirer une funeste émulation de mal faire, il n'est pas inutile alors de les réfuter; ou plutôt c'est un devoir d'éclairer ceux qui écoutent ces éloges empoisonnés, et de leur faire sentir la différence du vice et de la vertu.

C I.

En effet, si le vice devient un titre de gloire; si aux attraits que lui prêtent l'avarice et la volupté se joint encore l'honneur, il n'est point de caractere assez fort, assez heureux pour y résister. Ce ne sont pas les louanges données à de certains hommes en particulier qu'il faut combattre, mais celles qu'on entend accorder à des actions blâmables. Elles pervertissent ceux qui les écoutent; elles leur inspirent la pernicieuse ambition d'imiter les hommes vicieux en leur persuadant que c'est un honneur de l'être.

C I I.

C'est une bonne pratique que celle de ces peintres qui laissent reposer leurs ouvrages avant de les terminer, pour les revoir avec des yeux frais. Ils s'en détachent pour quelque temps, ils les reprennent et les jugent à différentes reprises; ils y découvrent à chaque fois de légers défauts que leur cacheroit l'habitude de les regarder. Il nous

est impossible de nous séparer
ainsi pour quelque temps de
nous-mêmes, et de perdre l'habitude d'être avec nous. C'est
ce qui fait que chacun est pour
soi le plus mauvais juge qu'il
puisse choisir. Une seule res-
source nous reste ; c'est de nous
montrer de temps en temps à
découvert à nos amis, non
pour leur demander si nous ne
sommes pas vieillis, si nous
n'avons pas perdu de l'embon-
point, mais si le temps nous a
corrigés de quelque défaut, s'il
nous a procuré quelque bonne
qualité qui nous manquoit.

C I I I.

Un vaisseau abandonné au
milieu des mers, et battu de la

tempête, recevra plutôt du dehors le secours d'un habile pilote, que l'homme tourmenté par les passions ne sera capable de recevoir les conseils qu'un autre pourra lui donner, si, par les efforts de sa propre raison, il ne s'est pas disposé lui-même d'avance à les entendre. Quand on s'attend à soutenir un siege sans espérance de recevoir de secours, on rassemble du dehors toutes les munitions qu'on peut se procurer : de même il faut emprunter à la philosophie tous les secours qu'elle peut nous donner contre les emportements de notre caractere, et les faire pénétrer à temps dans notre ame : car il ne seroit pas facile de les y introduire si nous attendions le moment où nous en aurons besoin.

C I V.

Toutes les fois que Socrate se sentoit prêt à s'emporter contre quelqu'un de ses amis, il adoucissoit sa voix, prenoit un visage plus riant, donnoit à ses regards plus de douceur; et se penchant ainsi fortement du côté opposé à celui où l'entraînoit sa passion, il restoit sur ses gardes et parvenoit à se domter.

C V.

Nous ne concevons pas pour tout le monde la passion de l'amour; nous ne portons pas envie à tous les hommes, tous les hommes ne nous inspirent pas de haine ou de crainte : mais tous, amis et ennemis, peuvent devenir indifféremment les objets de notre colere; nous nous emportons contre nos enfants, contre nos peres, contre les dieux, contre les animaux, contre les choses inanimées. A bien des égards la colere est terrible; à d'autres égards elle n'est pas moins ridicule. De toutes les passions, c'est celle qui peut nous attirer et le plus de haine et le plus de mépris.

C V I.

C'est dans les membres blessés que naît l'enflure; ce sont

aussi les ames les plus foibles qui sont les plus sujettes à l'emportement : elles y cedent en proportion de leur foiblesse. Les femmes sont plus coleres que les hommes, les malades que les gens en santé, les vieillards que les personnes qui sont dans la force de l'âge, les infortunés que les hommes heureux.

C V I I.

Phocion, au premier bruit qui courut de la mort d'Alexandre, ne vouloit pas que les Athéniens se laissassent trop emporter à la joie et se hâtassent de croire cette nouvelle. « Athéniens, leur disoit-il, s'il « est mort aujourd'hui, il le

« sera encore demain, il le sera
« encore après demain ». Ainsi
l'homme irrité ne doit pas se
presser de punir dans sa colere.
Il peut se dire à lui-même :
« S'il m'a offensé aujourd'hui,
« il m'aura encore offensé de-
« main et après demain. Il n'y
« a pas de mal qu'il soit puni
« un peu plus tard ; mais il y
« en auroit beaucoup qu'il re-
« çût une prompte punition et
« que son innocence fût ensuite
« découverte ». C'est ce qui
n'est arrivé que trop souvent.

C V I I I.

Il ne faut pas se livrer à la
colere dans les jeux et le ba-
dinage, car on se fait des enne-

mis ; ni dans les discussions,
car elles se changent en querelles ; ni quand on a des jugements à prononcer, car c'est
ajouter l'outrage de la passion
à la rigueur de la justice ; ni
dans l'enseignement, car elle
charge l'instruction de dégoûts ;
ni dans la prospérité, car c'est
augmenter l'envie qu'elle in-
spire ; ni dans le malheur, car
c'est détruire la pitié qu'il mérite.

CIX.

Aristippe, par un mouve-
ment de colere, se brouilla avec
Eschine. « Eh bien ! lui dit quel-
« qu'un, qu'est devenue l'ami-
« tié qui vous lioit tous deux » ?
« Elle dort, répondit-il, mais

« dès ce moment je vais la ré-
« veiller ». Il court trouver Eschine. « Me crois-tu donc, lui
« dit-il, trop désespéré dans
« le mal pour entreprendre de
« me corriger ? — Va, lui ré-
« pondit Eschine en l'embras-
« sant, je ne suis pas étonné
« que tu l'emportes en tout sur
« moi, et que tu aies été le pre-
« mier à sentir ce que nous de-
« vons faire. »

C X.

Il ne faut pas oublier une ex-
cellente parole d'Anaxagoras.
Il dit, en apprenant la mort de
son fils : « Je savois qu'il étoit
« mortel ». Dis aussi, quand tu
te sens irrité de quelque faute :

« Je savois bien en achetant cet
« esclave que ce n'étoit point
« un sage ; en prenant cet ami,
« qu'il avoit ses défauts ; en
« épousant ma femme , que
« c'étoit une femme. »

C X I.

Le vice qu'on nomme curiosité est une démangeaison d'apprendre ce qui se passe de mal
chez les autres. C'est une sorte
de maladie qui n'est exempte
ni d'envie ni de malignité. Pourquoi, malheureux, ton œil est-il
si perçant à scruter le mal de tes
voisins , et si trouble quand il
s'agit d'appercevoir tes propres
maux ? Laisse là ce qui t'est
étranger, et tourne ta curio-

sité sur toi-même. Si tu aimes tant à connoître l'histoire scandaleuse, tu as chez toi de quoi t'occuper. Là, tu trouveras en foule des défauts de conduite, des vices de l'ame, des infractions du devoir, un immense magasin de tout ce que peuvent produire de honteux l'envie, la lâcheté, la petitesse. C'est là que tu dois faire des recherches, que tu dois tout examiner. Ferme les fenêtres qui donnent chez ton voisin, ouvre toutes celles qui donnent sur ton appartement, sur celui de ta femme, sur le logis de tes valets. Ce ne sera plus une occupation condamnable, mais un utile exercice qu'aura ta curiosité.

C X I I.

Il faut avouer que le curieux n'est pas inutile à ses ennemis ; il cherche ce qu'ils font, il le publie, il leur fait voir à eux-mêmes les choses dont ils doivent se garder, les défauts dont ils doivent se guérir ; mais, toujours attentif au dehors, il ne voit rien de ce qui se passe chez lui.

C X I I I.

Il est des gens qui détournent leurs regards de leur propre vie comme du spectacle le plus désagréable qui puisse leur être offert. Le courage leur manque pour le considérer ; ils craindroient de tourner sur eux-mêmes le flambeau de la raison. Leur ame, toute pleine de maux de toute espece, frémit de ce qu'elle recele : elle s'élance au dehors, elle s'y promene ; elle nourrit, elle engraisse sa malignité du mal de ses voisins. Les poules négligent souvent la nourriture qu'on leur donne en abondance, et vont fouiller dans les ordures pour y trouver un seul grain d'orge. Il en est de même des curieux : ils ne font aucun cas de ce que tout le monde peut savoir, de ce que personne ne veut les empêcher d'apprendre ; mais ce qu'ils s'efforcent de recueillir, c'est ce qu'on tient bien caché dans l'intérieur des maisons.

C X I V.

Quelqu'un s'avisa de demander à un Égyptien ce que c'étoit qu'il tenoit si bien caché. « Il est si bien caché, répon- « dit l'Égyptien, pour qu'on ne « sache pas ce que c'est ». Et toi, pourquoi cherches-tu curieusement ce qu'on te cache? on ne le cacheroit pas si l'on vouloit qu'il fût découvert.

C X V.

Le plus incommode de tous les vents, disoit Ariston, c'est celui qui nous enleve jusqu'à nos habits. Le curieux ne se contente pas de nous dépouiller de nos vêtements, il fait breche à nos murs, il force nos portes, il effarouche par ses recherches la pudeur des tendres vierges, et sonde jusqu'aux mystères de la nuit. Son imagination se coule dans les maisons des riches, dans les réduits des pauvres, dans les palais des rois, dans la couche des nouveaux époux.

C X V I.

Le roi Lysimaque disoit au poëte comique Philippe : « Que « veux-tu que je partage avec « toi de ce que je possede » ? — « Ce que tu voudras, prince, « excepté ton secret. »

C X V I I.

Exerce ta curiosité sur les

phénomenes de la nature : mais
ils n'ont pour toi rien de pi-
quant, parceque tu ne saurois
y trouver rien de mal. Eh bien !
s'il faut absolument que ta curiosité ne s'exerce que sur le
mal, si tu ressembles à ces rep-
tiles impurs qui ne vivent qu'au
milieu des plantes vénéneuses
et qui en tirent leur aliment,
tourne ta curiosité du côté de
l'histoire ; c'est là que tu trouveras une grande abondance do
maux ; des hommes précipités
du faîte du bonheur, leur vie
subitement attaquée ; des femmes violées, des esclaves ten-
dant des pieges à leurs maîtres,
la jalousie, l'envie, les prisons,
les maisons renversées, les chefs

des nations massacrés : rassasie-toi, jouis sans troubler, sans chagriner ceux qui vivent avec toi. Mais non : la curiosité n'aime que les maux récents, il faut qu'ils soient encore tout chauds ; elle ne se plaît qu'aux tragédies nouvelles.

CXVIII.

Les curieux vont rarement à la campagne ; ils ne peuvent en supporter la tranquillité, la solitude, le silence. S'ils y passent quelque temps, ils regardent les vignes de leur voisin au lieu de regarder les leurs ; ils s'informent combien il lui est mort de bœufs, combien il lui est aigri de vin. Une fois satisfaits là-dessus, ils se pressent de regagner la ville.

CXIX.

Le babil accompagne nécessairement la curiosité. Comme le curieux a beaucoup de plaisir à tout entendre, il en a de même à tout redire. Ce qu'il vient de recueillir il se fait une joie de le répandre. Aussi la maladie de ces gens-là est-elle un obstacle à ce qu'ils puissent satisfaire leur goût dominant. C'est à qui se tiendra sur ses gardes et se cachera d'eux : dès qu'ils paroissent, on cesse de rien faire ; si l'on traitoit d'une affaire, on attend leur départ pour en reprendre la discussion, comme on cache bien vîte ses provisions quand on apperçoit un animal rapace.

C X X.

Les hommes sensés doivent, avant de tomber dans le trouble des passions , se fortifier par des raisonnements capables de les combattre , afin de se trouver prêts dès long-temps à leur résister quand elles viendront à se faire sentir. Il en est comme des chiens féroces ; une seule voix peut les adoucir, c'est celle à laquelle ils sont accoutumés ; toutes les autres ne font que les irriter davantage. De même les passions, dans leur farouche impétuosité , ne peuvent s'appaiser qu'elles n'entendent les

raisonnements qui sont propres
à leur imposer silence, et qu'on
a pris une longue habitude d'op-
poser à leur fureur.

C X X I.

Il n'est pas vrai que ce soit dans
l'inactivité qu'on ait l'ame plus
tranquille. Ce seroient donc
les femmes qui jouiroient plus
que les hommes du calme heureux de l'ame , elles qui restent
paisibles dans le repos de leurs
maisons , seulement occupées
des soins du ménage ; mais dans
leur retraite pénetrent le trouble , l'agitation , la jalousie ,
l'ambition , la superstition , la
jalousie. Laërte pendant vingt
ans resta dans la campagne

sans autre société que celle d'une vieille servante qui lui préparoit ses repas : il abandonna son palais, sa patrie, la royauté ; mais le chagrin rongeur le suivit et ne cessa de l'accompagner dans sa solitude.

CXXII.

Ce n'est point le grand ou le petit nombre d'occupations, c'est le vice ou la vertu qui procure la tranquillité de l'ame ou la plonge dans l'agitation. Négliger le bien ou faire le mal, c'est s'exposer également au trouble intérieur.

CXXIII.

Le navigateur que tourmentent les nausées croit trouver

du soulagement en passant du pont dans la cabane et de la cabane sur le pont ; mais partout son incommodité le suit , parceque par - tout il porte avec lui la bile qui le tourmente. Le changement de vie est également incapable de nous soustraire à l'agitation de l'ame : sa cause est dans notre ignorance , qui ne nous permet pas de nous résigner à la vicissitude des évènements. Elle fait le tourment du pauvre et du riche , du célibataire et de celui qui a lié son sort à celui d'une épouse. Par elle on fuit les affaires et l'on ne peut supporter l'inaction ; par elle on veut s'insinuer dans les cours, et leur séjour devient insupportable.

CXXIV.

Alexandre entendoit Anaxarque dire qu'il existe des mondes infinis : il se mit à pleurer. Ses amis lui demanderent la cause de sa douleur. « Eh ! s'il existe « des mondes infinis, leur dit-il, « n'ai-je pas sujet de verser des « larmes, moi qui ne me suis « pas encore rendu maître d'un « seul ? » Cratès n'avoit pour tout bien qu'une besace et un méchant manteau , et il passoit sa vie dans la joie comme si elle n'eût été composée que de jours de fêtes. Les souliers suivent le mouvement du pied ; les différentes situations de la vie se conforment aux caracteres de ceux qui s'y trouvent.

C X X V.

Platon comparoit la vie au jeu de dés : il faut jeter les dés pour avoir de beaux coups ; mais quand ils sont jetés, il faut prendre ceux qui viennent et tâcher d'en tirer parti. Il n'est pas en notre pouvoir de nous procurer ceux que nous voudrions ; mais il est de notre devoir de recevoir les coups que nous envoie le sort, et d'arranger en conséquence notre jeu. Si nous sommes sages, nous tirerons bon parti des chances favorables, sans trop nous affliger de celles qui nous seront contraires.

CXXVI.

Ceux qui ne savent pas se faire des principes sur la maniere de supporter la vie , sont comme ces malades qui ne savent souffrir ni le froid ni le chaud. Le bonheur les transporte, le malheur les abat ; ils sont troublés par l'une et l'autre fortune , et sur-tout par celle qu'on est convenu d'appeler heureuse.

CXXVII

Le thym est une plante seche et aride, mais les abeilles savent en extraire le miel le plus doux. Ainsi le sage souvent sait tirer avantage des conjonctures les plus malheureuses et se les rendre utiles.

C X X V I I I.

Diogene fut exilé : ce ne fut pas un malheur, car il s'appliqua dès lors à la philosophie. Zénon de Citium possédoit un vaisseau de commerce ; il apprit qu'il avoit été englouti avec toutes les marchandises dont il étoit chargé. « Fortune, s'é-« cria-t-il, tu viens de me bien « traiter, car tu me réduis au « manteau des philosophes et « tu m'envoies au portique. »

C X X I X.

Qui t'empêche d'imiter ces sages ? Tu n'as pas obtenu la

magistrature que tu briguois ;
eh bien ! tu vivras à la campagne occupé de tes affaires
personnelles. Tu recherchois
la faveur du prince, et il t'a
repoussé ; tu vivras sans soins
et sans dangers. Tu n'as point
d'enfants ; aucun des rois de
Rome n'eut d'héritiers. Tu es
pauvre ; Épaminondas l'étoit :
connois-tu donc quelqu'un en
Béotie dont tu préférasses les
destinées à celles de ce grand
homme ? Ta femme est infi-
dele ; ignores-tu que la femme
d'Agis fut corrompue par Alcibiade, qu'elle-même confia sa
honte à ses servantes ? cependant Agis fut le plus grand et
le plus illustre des Grecs de son

temps. La fille de Stilpon donna dans le vice ; il n'en fut pas moins le plus gai des philosophes. Métroclès lui reprochoit la conduite de sa fille : « Ce n'est pas ma faute, répon- « dit-il, c'est la sienne. »

C X X X.

Quand nous avons la fievre, tout nous semble amer et de mauvais goût ; mais quand nous voyons les autres prendre avec plaisir ces mêmes aliments, ces mêmes boissons qui nous dé- goûtent, nous n'en accusons pas la qualité, et c'est à la ma- ladie que nous attribuons la sen- sation désagréable qu'ils nous causent. Nous cesserons aussi

de nous plaindre des évènements, en voyant tant d'autres
les recevoir sans peine et même
avec gaieté.

C X X X I.

Il nous survient des accidents
que nous aurions bien voulu ne
pas éprouver : ne négligeons
pas de tenir compte des biens
qui nous arrivent : notre fortune est mélangée : compen-
sons le mal par le bien.

C X X X I I.

Un certain habitant de Chio
vendoit aux autres ce qu'il avoit
de bon vin et cherchoit du vin
gâté pour sa consommation.
« Que fait ton maître »? deman-

doit un jour quelqu'un au valet
de cet homme : « Ce qu'il fait?
« il se donne bien de la peine
« pour chercher du mal , tandis
« qu'il a du bien en abondance ».
Ainsi trop souvent les hommes
négligent les douceurs de la vie
et courent après l'amertume.

C X X X I I I.

Aristippe perdit une de ses
métairies. Un homme de sa con-
noissance paroissoit le plaindre,
« Mais, lui dit Aristippe, il m'en
« reste encore trois, et je crois
« que tu n'en as qu'une ». —Cela
est vrai. — « C'est donc moi
« qui dois m'affliger de ton
« sort. »

CXXXIV.

C'est une folie de s'affliger de ce qu'on a perdu, au lieu de se réjouir de ce qui reste. Antipater de Tarse, au moment de mourir, récapitula ce qui lui étoit arrivé d'heureux dans toute sa vie, et n'oublia pas même une heureuse navigation qu'il avoit faite de Cilicie à Athenes.

CXXXV.

Il est des gens qui détournent la vue des avantages dont ils jouissent : ils ne considerent que la gloire des autres, le bonheur des autres, la richesse des autres. C'est ressembler à ces libertins qui poursuivent les femmes des autres et négligent les leurs.

C X X X V I.

Il importe à la tranquillité de l'ame de fixer principalement son attention sur les biens dont on jouit, ou du moins de considérer les hommes qui en sont encore plus dépourvus, sans élever toujours ses regards vers les mortels les plus fortunés.

C X X X V I I.

Les esclaves célebrent le bonheur des hommes libres ; les hommes libres, celui des citoyens ; les citoyens, celui des riches ; les riches, celui des satrapes ; les satrapes, celui des rois ; les rois, celui des dieux : ils voudroient presque faire briller l'éclair et lancer la foudre. Qu'est-ce autre chose que rassembler des prétextes d'accuser la fortune, se punir soi-même, et se forger des tourments?

CXXXVIII.

L'homme qui jouit d'un esprit sain, et qui voit tant de millions de mortels éclairés de la lumiere du soleil et nourris des fruits de la terre, ne se livre pas à la plainte, ne tombe pas dans l'abattement parceque, dans ce nombre, il s'en trouve quelques uns qui ont plus que

lui de gloire ou de richesses ;
mais il se félicite de son bonheur
en considérant qu'il existe une
foule d'humains plus à plaindre que lui. Apperçois-tu dans
ton chemin un homme porté
mollement dans une litiere ?
baisse les yeux, et regarde ceux
qui le portent. Ne fais pas attention au faste de Xerxès ; mais
fixe tes regards sur cette foule
d'infortunés qui, sous les fouets,
creusoient le mont Athos ; sur
ces autres qui eurent les oreilles
coupées, les narines arrachées,
parcequ'un pont avoit été brisé
par la tempête : et pense si ces
malheureux ne porteroient pas
envie à ta destinée.

CXXXIX.

Puisque nous avons la foiblesse de vouloir vivre d'après les autres et non d'après nous-mêmes ; puisque notre caractere chagrin et jaloux ne nous permet pas de jouir gaiement de nos avantages, mais nous fait un tourment de ceux qu'obtiennent les autres ; ne regardons pas seulement ce qui chez eux excite notre admiration ou peut nous inspirer de l'envie, l'éclat qu'ils répandent et le bruit qu'ils font dans le monde ; déchirons plutôt le rideau brillant qui les couvre. Ne nous en tenons pas à de fausses apparences, scrutons leur intérieur ;

nous y verrons bien des peines et des soucis. Le célèbre Pittacus, grand par sa sagesse, son courage et son équité, donnoit un repas à ses amis : sa femme entre furieuse et renverse la table ; les convives se troublent. Le sage se contenta de leur dire froidement : « Chacun de vous a ses peines. »

C X L.

Ce qui nuit plus que toute autre chose à la tranquillité de l'ame, c'est de ne pas savoir mesurer ses vœux à sa condition et à ses facultés. Nous nous obstinons à former des espérances que nous ne devrions pas concevoir ; et quand elles sont déçues, nous accusons et les dieux et le sort : c'est notre sottise que nous devrions accuser.

C X L I.

Le Perse Mégabyse vint dans l'attelier d'Apelles et se mit à raisonner sur la peinture ; mais le peintre lui ferma la bouche en lui disant : « Tant que tu « as gardé le silence, on a « pu te juger sur l'or et la « pourpre qui entrent dans ta « parure, et te prendre pour « quelque chose ; mais à pré- « sent ces petits garçons qui « broient mes couleurs se mo- « quent de toi en entendant « les sottises qui t'échappent ». Il est des qualités qu'on ne peut réunir ensemble, et qui même s'excluent réciproquement. L'art de la parole, l'étude des sciences, exigent du loisir : pour s'élever aux emplois de la république, pour entrer dans la faveur des rois, il faut s'occuper des affaires : l'usage du vin et des nourritures substantielles donne de la force au corps et en ôte à l'esprit : par le soin de sa fortune on augmente ses richesses : le mépris des richesses conduit à la philosophie. Ainsi tout n'appartient pas à tous les hommes, et la grande science est de se connoître soi-même.

FIN DU TOME PREMIER.